LETTRE

DE

DOM P. LE RICHOULX

DE NORLAS,

A UN

DE SES CONFRERES,

SUR

La Bibliothéque Historique &
Critique des Auteurs de la Congregation de S. Maur, composée
par Dom PHILIPPE LE CERF
DE LA VIEVILLE, Religieux
de la même Congregation.

A ORLEANS,

Chez FRANÇOIS ROUZEAU, Impri-
meur du Roy & de la Ville.

M. DCCXXVII.

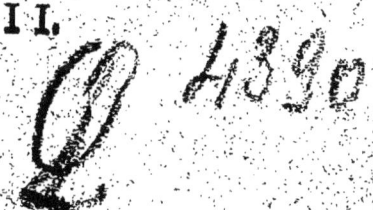

LETTRE

De Dom P. LE RICHOULX DE NORLAS, à un de ses Confreres, sur la Bibliotheque Historique & Critique des Auteurs de la Congregation de Saint Maur, composée par Dom Philippe le Cerf de la Viéville, Religieux de la même Congregation.

OUS avez lû sans doute, & avec empressement, MON REVEREND PERE, la Bibliothéque de nos Auteurs, publiée depuis quelques mois par Dom le Cerf de la Viéville, Religieux de nôtre Monastere de Fécamp; mais sa lecture a-t-elle rempli

vôtre attente ? ne vous a-t-elle rien laissé à desirer pour sa perfection ? Si la connoissance que j'ai de vôtre bon goût m'oblige à vous croire bien éloigné de cette pensée, celle que j'ai de vôtre zele pour la Congregation m'engage à vous envoyer les Remarques que j'ai faites sur cet Ouvrage, d'autant plus que je me propose uniquement de le rendre par ces Remarques plus travaillé, plus exact, & par consequent plus digne de nôtre Congregation.

Je pourrois observer d'abord que Dom le Cerf auroit dû preferer l'ordre des tems à l'ordre alphabétique ; mais puisqu'il a choisi ce dernier, & aparemment comme le plus commode, ou peut-être pour ne pas imiter Dom Liron, quoiqu'il marche assez sur ses traces *, je veux bien

* Il tombe dans la plûpart des fautes qu'il lui reproche.

en bon Confrere lui passer sa methode, le fond de son Livre ne fournissant que trop de matiere à mes observations. Je les réduis à deux principales ; car je me borne aux omissions les plus interessantes, & aux méprises les moins excusables, ne cherchant point à multiplier, à grossir les objets, ne voulant pas d'ailleurs interrompre par une longue Lettre vos continuelles occupations.

Une bévûë qu'on ne peut lire sans la derniere surprise, va faire le sujet de ma premiere observation, elle se trouve aux pages 19. & 20. dans ces paroles qui concernent le Pere Bessin : *En 1697. il entreprit de refuter le Sistême du P. Lami de l'Oratoire sur la Pâque, déja si vivement attaqué par Mrs. Toinard, de Tillemont, & autres Sçavans du premier ordre.* Nôtre Bibliothécaire ne s'est pas trompé certainement en donnant place à Mr. Toinard parmi les Sçavans du premier ordre ; mais il s'eſt étrangement abuſé en le mettant à la tête de ceux qui ont attaqué le ſentiment du Pere Lami ſur la derniere Pâque de nôtre Seigneur; cet habile Critique devant être mis au contraire à la tête de ceux qui dans le ſiécle paſſé ſe declarérent pour ce ſentiment, puiſqu'il l'avoit embraſſé pluſieurs années avant le Pere Lami, qui s'apuie particulierement ſur ſon autorité. Après une faute ſi énorme, & commiſe par un ſi rare génie, qui de nous, MON REVEREND PERE, peut ſe promettre un uſage conſtant de ſon diſcernement ?

L'Article de Dom Billoüet qui eſt à la page 22. quoique des plus courts, preſente deux omiſſions & trois mépriſes ; le lieu de ſa naiſſance eſt la premiere de ces omiſſions. Un Bibliothécaire doit marquer sur tout la Patrie des Auteurs dont il fait mention. Cette particularité étant toûjours la premiere cherchée dans son Ouvrage, elle se fait souvent chercher inutilement dans celui de Dom le Cerf, quoiqu'il ait pû la faire connoître sans beaucoup de peine, comme je le montrerai dans la suite de ces Remarques, en ajoûtant quelques exemples à Dom Billoüet. Ce jeune Religieux mort en 1720. & déja si distingué par son érudition, avoit pris naissance à Roüen, ce que le Bibliothécaire devoit d'autant moins oublier, qu'il est né dans la même Ville; en le disant son Compatriote, il lui assuroit une place parmi les Sçavans de sa Province, outre celle qu'il lui donne parmi ceux de sa Congregation. Le jour & le mois de sa mort que je remarque pour deuxiéme omission, se trouvant, pour ainsi dire, sous sa plume, c'est par une vraie negligence qu'il n'a pas joint le deuxiéme Mars à l'année de sa mort. Je viens aux trois méprises : *Guillaume Prousteau selebre Professeur en Droit de l'Université d'Orleans, legua en mourant sa nombreuse Bibliothéque aux Benedictins de cette Ville*, dit le Benedictin de Fécamp. S'il avoit consulté ses Confreres possesseurs de cette nombreuse Bibliotheque, ils lui auroient apris que Mr. Prousteau leur a fait ce riche present pour le Public, par une Donation entre-vifs, passée presens Rou & Mithonneau Notaires à Orleans, le 6. Avril 1714. prés d'un an avant sa mort, qui fut subite le 15. Mars 1715. Il attribuë ensuite par une double erreur à Dom Billoüet deux petits Ouvrages, ausquels il n'a eû aucune part : le premier a pour Auteur son successeur Bibliothécaire,

Dom François Meri*, mort en Berri à Maçai prés Vierzon sa Patrie, le 16. Octobre 1723. On ne peut être plus certain que je le suis de ce fait, ayant été témoin oculaire de l'entreprise & de la composition de cet Ecrit, qui est intitulé : *Discussion Critique & Theologique des Remarques de M. * * * sur le Dictionnaire de Moreri de l'édition de 1718. par Mr. Thomas Docteur de Louvain*, 1720. pag. 96. Il s'est caché sous le nom de Thomas, parce que c'étoit le nom de sa mere. Le second Ouvrage attribué à Dom Billoüet est de la façon de Dom Mopineau ; l'on trouve cet Eloge funebre avec le nom de ce Religieux au commencement du Catalogue de la Bibliotheque de Mr. Prousteau,

---

* Il travailloit sans relâche à la Bibliothéque des Ecrivains de sa Province, & ses Memoires ont été envoyez à Dom Rivet.

publié en 1721. par le Pere Meri, dont je viens de parler. C'est par une suite de sa negligence que Dom le Cerf a ignoré l'impression de ce Catalogue, & que les Peres Billoüet & Meri l'ont dressé successivement.

Le Sieur Jean Bonnet, Convers, fit imprimer à Clermont en 1689. un Livre qui a pour titre, des Proprietez & Qualitez des Eaux minerales. Si cet Article qui fait une petite partie de la page 42. est des plus secs, en recompense il est assez plaisant d'y voir la qualité de Sieur jointe à celle de Convers; Dom le Cerf devoit au moins nous dire par quelle distinction il donne ce titre à Jean Bonnet, pendant qu'il le refuse au celebre Loüis Bulteau, qui né à Roüen dans une famille considerable, & aprés avoir été Secretaire du Roy se rendit, par humilité, simple Commis à S. Germain des Prez.

Page 88. *Le Concordat que firent ensemble Leon X. & François I. en 1517.* Il s'en faut bien que cette datte soit juste. Comme elle n'est gueres marquée plus exactement par la plûpart des Ecrivains, je vais donner une notice chronologique de ce fameux Traité fait en Italie dans la Ville de Bologne. Il fut commencé le 14. Decembre 1515. clos & signé le premier Janvier suivant, confirmé à Rome par le Pape le 18. Aoust 1516. aussi confirmé par le Concile de Latran le 19. Decembre de la même année, rendu public & authentique en France par les Lettres Patentes du Roy François I. données à Paris le 13. May 1517. enregistrées au Parlement de Paris le 22. Mars suivant, c'est-à-dire de l'année 1518. avant Pâques. Dom le Cerf se trompe encore plus fortement au sujet du même Concordat, à la page 120. en difant que le Pape & le Roy s'entrevirent à Bologne l'an 1528. l'entrevûë de ces deux Puiffances s'étant faite le 11. Decembre 1515. De plus nôtre Critique ne fe montre pas tel affurément, en ajoûtant dans le même endroit que le V. Concile General de Latran autorifa le Concordat. Dans quelle Ecole *Benedittino-Maurienne* lui a-t-on apris que le Concile de Latran tenu fous Leon X. eft reconnu unanimement, & fur tout en France pour un Concile general?

Page 96. *On peut voir ce que dit du P. Delfau le Journal des Sçavans de Mr. Gallois du premier Juillet 1675.* La compofition de cet Ouvrage periodique paffa en 1674. des mains de l'Abbé Gallois à celles de l'Abbé de la Roque; ainfi c'eft à ce dernier qu'il falloit attribuer le Journal de 1675. où il eft parlé du P. Delfau.

En faisant l'éloge de Dom Estiennot, pag. 102. il dit, & sans doute par pure inadvertance, que le Pape Urbain VIII. lui donna des marques d'une bonté particuliere; cet habile Religieux ayant été Procureur General de nôtre Congregation à Rome sous le Pontificat d'Alexandre VIII. & d'Innocent XII. tems bien éloigné du Pape Urbain VIII. mort en 1644.

Page 199. *Dom Jean Liron de Chartres né en 1663. a fait Profession en 1686. âgé de vingt ans.* L'une de ces dattes doit être fautive, le Pere Liron n'ayant pû naître en 1663. & faire Profession en 1686. âgé de vingt ans; aussi ce Docte Bibliothécaire de Saint Vincent du Mans est-il né deux ans plus tard, sçavoir le 11. Novembre 1665. il étoit par conséquent dans sa vingt-unième année depuis trois mois & demi, quand il prononça ses vœux le 25. Février 1686. Je ferai de suite une pareille observation sur la naissance du célébre Dom de Montfaucon, qui étant marquée en 1646. page 363. ne peut s'accorder avec sa profession faite à l'âge de 21. ans en 1676.

L'Archevêché de Roüen est donné à Mr. le Tellier, au lieu de celui de Reims qu'il possedoit; & Mr. du Saussai, qui étoit Evêque de Toul, est dit Evêque de Tulles; ces deux méprises sont aux pages 263. & 397. La derniere en fournit une autre considerable ou plûtôt une bévûë insigne, & d'autant plus à relever, qu'elle concerne nôtre fameux Dom Jean Mabillon. *Il a éclairé de ses lumieres & aidé de son travail le Pere Mabillon dans la composition de ses Actes des Saints.* Ce sont les termes du Bibliothécaire en parlant de Dom Raymond de la Mothe.

qu'il dit en finissant son article, être mort le 23. Février 1643. Où étoit l'attention de ce bon Religieux quand il a écrit que Dom de la Mothe mort le 23. Février 1643. a éclairé de ses lumieres & aidé de son travail le Pere Mabillon né le 23. Novembre 1632. & par consequent agé seulement de dix ans & trois mois au tems de la mort de Dom de la Mothe. Vous voyez, MON REVEREND PERE, combien je suis fondé à demander où étoit alors l'attention de nôtre Ecrivain, & en même tems combien j'ai droit d'assurer qu'elle a été souvent totalement éclipsée pendant la composition de son Ouvrage. L'observation suivante tirée de la page 422. en est une nouvelle preuve ; car après avoir dit que le Pere Quatremaires publia en 1659. un Livre touchant le Privilege de S. Medard de Soissons, il ajoûte que ce Livre a été dédié au Cardinal de Richelieu, *pour lors Abbé de ce Monastere.* Ce fameux Cardinal étoit pour lors dans le tombeau, & y étoit depuis prés de dix-sept ans, puisqu'il mourut le 4. Decembre 1642. Je pourrois grossir cette Lettre de plusieurs autres méprises ; mais pour achever de donner une juste idée du travail de Dom le Cerf, il suffira d'ajoûter quelques omissions à celles que j'ai déja observées.

Est-il permis à un Benedictin d'ignorer la mort de son Confrere, s'écrie le nôtre de Fécamp, page 202. en relevant le Pere Liron de ce que dans sa Bibliothéque Chartraine il a mis la mort du célébre Dom François Lami en 1710. ou en 1711. Mais est-il permis au Censeur du Pere Liron d'ignorer le jour où est mort ce même illustre Confrere ? car il n'a n'a point dit que ce fut le 4. Avril. Est-il permis à un Benedictin de Saint Maur, qui écrit l'Histoire des Auteurs de sa Congregation, & qui pour sçavoir leur Païs, leur âge, le tems de leur Profession Religieuse, celui de leur mort, n'a qu'à jetter les yeux sur la Matricule de son Monastere où ces particularitez sont écrites soigneusement? lui est-il permis, dis-je, de negliger ces particularitez interessantes, en les omettant entierement ou en partie, ou en les marquant d'une maniere vague, qui les dût faire regarder comme omises ? Il faut donner des exemples de ces differentes omissions. J'ai deja remarqué au sujet du P. Billouet que l'on ne trouve point sa Patrie, le jour & le mois de sa mort ; j'ai dit aussi en parlant du Sieur Jean Bonnet Convers, que son article étoit des plus secs, & j'ajoûte qu'il est tel par

B

l'omission du lieu de sa naissance, de son âge, & de son entrée en Religion. Ceux de Dom Robert Guerard & de Dom Claude Vidal, pages 178. & 489. sont pareillement dépourvûs de ces trois circonstances. On ne lit point en quelle année moururent Dom Joseph Cladiere, & Dom Leonard de Massiot, pages 60. & 327. La Patrie de plusieurs n'étant marquée que par le Diocése ou par la Province, doit être regardée comme omise: *Dom Vincent Thuilier est né dans le Diocése de Laon, Dom Nicolas Toustin en basse Normandie.* En s'exprimant d'une maniere si vague pag. 473. & 477. touchant le Païs de ces deux Religieux, déja célébres dans la République des Lettres, quoique peu avancez en âge, nôtre Bibliothécaire ne satisfait point la curiosité du Lecteur qui desire connoître le propre lieu de la naissance; il falloit donc lui aprendre que le premier est natif de Couci, petite Ville du Diocése de Laon; & l'autre d'un endroit apellé Répas, dans le Diocése de Seés. Si vous daignez, MON REVEREND PERE, faire le moindre cas de ces petites Observations, j'en serai plus hardi à vous communiquer celles que j'ai retenuës dans mon Porte-feüille dans la crainte de vous fatiguer. En censurant un Confrere, j'ai dû au moins en ménager un autre dont les occupations & les lumieres sont également à respecter. Je suis toûjours avec un attachement inexprimable,

MON REVEREND PERE,

Vôtre très-humble & obéïssant Serviteur & Confrere,
Fr. P. LE RICHOULX
DE NORLAS.

Au Monastere de Saint Benoist sur Loire, le 23. Decembre 1726.

PERMISSION.

VEU le Manuscrit, Permis d'imprimer, ce consentant le Procureur du Roy. A Orleans ce cinquiéme Février mil sept cens vingt-sept.

Signé, PICAULT. COUVRET.

www.ingramcontent.com/pod-product-compliance
Lightning Source LLC
Chambersburg PA
CBHW061528040426
42450CB00008B/1840